AF314151

LES

TRANSPORTS ORDINAIRES & PARTICULIERS

DE LA GUERRE

LES TRANSPORTS

ORDINAIRES

ET PARTICULIERS

DE LA GUERRE

TRAITÉ DU 15 JUILLET 1891

MODIFIÉ LES 30 JANVIER ET 13 JUILLET 1894

ET INSTRUCTION DU 28 MAI 1895

(2ᶜ Edition, annotée et mise à jour)

PARIS

Henri CHARLES-LAVAUZELLE

Editeur militaire

11, Place Saint André-des-Arts, 11

(Même maison à Limoges)

1896

LES
TRANSPORTS

ORDINAIRES
ET PARTICULIERS
DE LA GUERRE

TRAITÉ DU 15 JUILLET 1891

MODIFIÉ LES 30 JANVIER ET 13 JUILLET 1894

ET INSTRUCTION DU 28 MAI 1895

(2ᵉ Édition, annotée et mise à jour)

PARIS	LIMOGES
11, Place Saint-André-des-Arts.	46, Nouvelle Route d'Aixe, 46.

Henri CHARLES-LAVAUZELLE

Éditeur militaire.

1896

LES

TRANSPORTS ORDINAIRES & PARTICULIERS

DE LA GUERRE

Extrait du traité avec les compagnies de chemins de fer, pour l'exécution des transports ordinaires du matériel de la guerre.

Paris, le 15 juillet 1891.

Entre le Ministre Secrétaire d'Etat au département de la guerre, stipulant pour l'Etat,

D'une part ;

Et les sept compagnies de chemins de fer ci-après désignées,

D'autre part ;

SAVOIR :

1° La Compagnie anonyme du chemin de fer du Nord, représentée par M. GRIOLET, administrateur, et par M. SARTIAUX, chef de l'exploitation ;

2° La Société anonyme des chemins de fer de l'Est, représentée par M. le comte REILLE, vice-président du conseil d'administration, et par M. BARABANT, directeur ;

3° La Compagnie des chemins de fer de Paris à Lyon et à la Méditerranée, représentée par M. CORNUDET, administrateur, et par M. NOBLEMAIRE, directeur ;

4° La Compagnie anonyme du chemin de fer de Paris à Orléans, représentée par M. le baron REILLE, administrateur, et par M. HEURTEAU, directeur ;

5° La Compagnie anonyme des chemins de fer de l'Ouest, représentée par M. DELESSERT, vice-président du conseil d'administration, et par M. MARIN, directeur ;

Les cinq compagnies ci-dessus agissant tant en leur nom qu'au nom de la Compagnie de Grande-Ceinture ;

6° La Compagnie anonyme des chemins de fer du Midi, représentée par M. THURNEYSSEN, vice-président du conseil d'administration et par M. BLAGÉ, directeur ;

7° L'Administration des chemins de fer de l'Etat, représentée par M. CENDRE, directeur ;

Il a été convenu ce qui suit :

CHAPITRE Ier.

OBJET DU TRAITÉ. — ORGANISATION DU SERVICE.

Objet du traité.

Art. 1er Les sept compagnies contractantes s'engagent à transporter dans toute l'étendue de la France continentale la totalité du matériel, des denrées et des approvisionnements appartenant au département de la guerre et qu'il aura à expédier, en temps de paix, des magasins ou établissements de l'Etat ou des fournisseurs. Le matériel est considéré comme appartenant au département de la guerre a partir du moment où il a été reçu définitivement par ses agents.

. . . .

L'administration aura la faculté de faire transporter aux prix et conditions du présent traité le matériel des lits militaires, à partir du jour de son admission par les commissions de réception.

Les transports entre la France, d'une part, et l'Algérie, la Tunisie, la Corse ou les îles du littoral, d'autre part, doivent s'effectuer :

Dans les trois premiers cas, par un port de la Méditerranée (Arles compris); dans le quatrième cas (îles du littoral), par les ports qui les desservent normalement.

Transports particuliers.

Art. 2 (1). Sont compris au traité comme *transports particuliers*, si les compagnies en sont requises :

1° *Au compte des fournisseurs :*

Les fournitures de toute espèce à renvoyer en fabrique pour être réparées.

Le matériel voyageant pour le compte des fournisseurs dans les conditions prévues au quatrième alinéa de l'article 1ei.

2° *Au compte des corps de troupe, services et établissements militaires :*

Le matériel leur appartenant et dont le transport doit être payé par eux.

Pour les expéditions de matériel voyageant pour le compte des fournisseurs, conformément aux dispositions de l'article 1er, et pour les expéditions du matériel des corps de troupe, services et établissements militaires, l'administration de la guerre peut aussi recourir aux transports de la guerre, dans les conditions prévues à l'article 15.

---

(1) Modifié le 13 juillet 1894. *B. O.,* p. 24.

Ces transports sont taxés aux prix du barème applicable aux objets qui les composent (art. 58).

3° Au compte des officiers, employés militaires, sous-officiers mariés, sous-officiers rengagés ou commissionnés, gendarmes, ouvriers militaires et cantinières appartenant aux différents corps de l'armée active (1).

Les objets mobiliers leur appartenant ainsi que leurs bagages, mais seulement dans les circonstances suivantes :

a) A L'OCCASION D'UN CHANGEMENT DE RÉSIDENCE, D'UN CONGÉ D'AU MOINS TRENTE JOURS OU DU RETOUR A LA VIE CIVILE.

Ces transports doivent être demandés dans le délai maximum de six mois à dater du jour de la mutation.

Ils sont taxés aux prix du barème 2 (art. 58).

Le sous-intendant militaire mentionne sur les pièces d'exécution que le transport est bien la conséquence d'un changement de résidence.

b) A L'OCCASION D'UN CHANGEMENT DE POSITION (PROMOTION, MARIAGE) POUVANT ENTRAINER UN MILITAIRE A ACHETER SOIT UN MOBILIER, SOIT UN SUPPLEMENT DE MOBILIER.

Ces transports ne peuvent avoir d'autre destination que la résidence officielle du militaire intéressé; pour en bénéficier, celui-ci doit en faire la demande dans un délai maximum de six mois à dater du jour du mariage ou de la promotion, et joindre aux pièces d'exécution remises au préposé une déclaration (mod. K) signée par lui, attestant que les objets sont sa propriété.

Ces transports sont taxés aux prix du barème 1 (art. 58) avec un minimum de perception correspondant à un poids de :

100 kilog. pour les militaires n'ayant pas rang d'officier;
200 — officiers inférieurs;
300 — — supérieurs;
500 — — généraux.

4° Au compte des familles des militaires :

Les objets mobiliers ayant appartenu à des militaires décédés.

Ces transports sont effectués de la dernière résidence du militaire décédé au lieu désigné par sa famille.

Ils sont taxés au prix du barème 2 et doivent être réclamés dans le délai de six mois à dater du jour du décès.

CONDITIONS GÉNERALES.

Le bénéfice des transports particuliers est limité aux objets

---

(1) Les militaires n'ont droit au bénéfice du traité qu'en ce qui concerne la voie de fer et le camionnage dans les villes desservies par un service de correspondance.

mobiliers et aux voitures des officiers et des cantinières. Les denrées alimentaires de toute nature, les bijoux, les matières d'or et d'argent, les tableaux et, en général, les objets que les arrêtés ministériels spéciaux à chaque compagnie soumettent aux conditions de la déclaration préalable de valeur, du transport en grande vitesse et de la taxe *ad valorem*, en sont exclus.

Les militaires ont la faculté d'assurer eux-mêmes le camionnage au départ ou à l'arrivée; dans ce cas, le décompte à payer par eux ne comporte pas de frais de camionnage.

Ils auront la faculté d'expédier leur mobilier, soit en vrac par wagons complets, soit dans des voitures de déménagement, soit dans des cadres.

A. Transports en vrac.

Le transport est décompté aux prix des barèmes 1 ou 2, suivant le cas, sur le poids minimum de 4.000 kilogrammes par wagon. Cette taxe n'est appliquée qu'en cas de demande formelle d'un wagon complet faite par l'expéditeur; en dehors de cette demande, on applique aux objets emballés le tarif et les conditions du présent traité, et aux objets non emballés, les conditions et tarifs commerciaux.

Lorsqu'un mobilier est ainsi expédié en vrac, l'intéressé a l'obligation d'assurer à ses frais les camionnages, le chargement et le déchargement, et la responsabilité des compagnies en cas de pertes et avaries, est déchargée, lorsqu'elles représentent les wagons avec leurs plombs intacts.

B. Transports en voitures de déménagement.

Les voitures de déménagement seront taxées au prix des barèmes 1 ou 2, suivant le cas, sur le poids cumulé du contenant et du contenu avec un minimum de 4.000 kilogrammes par voiture.

Le transport des voitures vides en retour se fait toujours au tarif commercial.

Les manutentions au départ et à l'arrivée sont aux soins, frais, risques et périls des expéditeurs et destinataires.

Les expéditions de cette nature ne sont acceptées qu'en provenance et à destination des gares ouvertes à la réception des voitures.

La responsabilité des compagnies, en cas de pertes et avaries, est déterminée par les règles commerciales en usage pour les transports dont il s'agit.

Les intéressés ont l'obligation d'assurer les camionnages.

C. Transports en cadres.

Ces cadres seront taxés aux prix des barèmes 1 ou 2, suivant le cas, sur le poids cumulé du contenant et du contenu avec application de la surtaxe prévue pour les masses indivisibles s'ils dépassent le poids de 5.000 kilogrammes.

Le retour du cadre a lieu aux conditions commerciales.

Les intéressés ont l'obligation d'assurer les camionnages.

ORDRES DE TRANSPORT. — PAIEMENT.

Les transports énumérés au présent article font l'objet d'ordres spéciaux (mod. A); le montant des transports effectués est acquitté directement par les intéressés, soit au départ, soit sur la production de la preuve de l'arrivée à destination des objets transportés. En cas de retard dans le paiement, la compagnie intéressée s'adresse au Ministre qui avise. En cas de difficultés au sujet des paiements, les débiteurs peuvent en référer au Ministre, mais après paiement des frais de transport.

Les pertes ou avaries sont constatées suivant les règles du droit commun et le montant en est payé directement aux intéressés par les compagnies.

Dans le cas où les objets transportés arriveraient à destination avant le destinataire, celui-ci devra supporter, après l'expiration des délais légaux d'enlevement, de parcours et de livraison, soit les frais de magasinage, soit les frais de stationnement de wagon si l'expedition a été faite en wagon complet.

. . . .

Agent géneral.

Art. 7. Pour établir l'unité dans le service, les compagnies sont représentées à Paris par un agent général agréé par le Ministre de la guerre.

Cet agent fait et reçoit toutes les communications présentant un intérêt collectif. Il a pouvoir pour agir au nom des compagnies dans toutes les contestations qui peuvent naître à l'occasion du traité. Tous les actes relatifs à son exécution lui sont valablement signifiés.

Les réclamations relatives au règlement des frais de transport sont suivies individuellement par chacune des compagnies intéressées (chap. IX).

Toutefois, lorsque ces réclamations soulèvent une question de principe, elles sont suivies exclusivement par l'agent général, de maniere à établir une jurisprudence uniforme.

Préposés.

Art. 8. Les compagnies désignent dans chaque place, fort ou établissement militaire indiqué par le directeur du service de l'intendance de la région ou du corps d'armée, un préposé chargé de recevoir et d'exécuter les ordres de transport, dont la nomination est notifiée au sous-intendant militaire de l'arrondissement.

Le préposé peut être chargé de plusieurs localités, si le peu d'importance du service le permet.

A défaut de désignation spéciale, les chefs de gare des compagnies contractantes sont de droit préposés dans les places que leurs gares desservent.

Dans les villes pourvues de plusieurs gares, chaque chef de gare remplit les fonctions de préposé pour les transports appartenant à la direction que sa gare dessert.

A Paris, l'agent général remplit ces fonctions. Il est représenté par les chefs de gare pour la prise en charge ou la livraison du matériel camionné par les moyens de la guerre.

Il fait connaître au Ministre, avant le commencement d'exécution du traité, les noms et qualités des préposés et les mutations de ce personnel au fur et à mesure qu'elles ont lieu.

Dans le cas de plainte grave reconnue fondée par le Ministre, les préposés sont révoqués et immédiatement remplacés.

En cas d'inexécution de la décision ministérielle, il est pourvu au service aux risques et périls des compagnies.

. . . .

CHAPITRE III.

FORMALITÉS AU DÉPART. — ORDRES DE TRANSPORT ET LETTRES DE TRANSPORT.

Ordres de transport. — Fonctionnaires ayant qualité pour délivrer ces ordres.

Art. 15. Les transports ne sont exécutés qu'en vertu d'ordres détachés d'un registre à souche, délivrés et signés par le Ministre de la guerre, par les fonctionnaires de l'intendance ou leurs suppléants légaux (1).

Formalités relatives à l'ordre de transport.

Art. 16. L'ordre est délivré quand le matériel est prêt à être remis au préposé ; celui-ci ou son représentant dûment accrédité en donne reçu sur la souche (modèle C).

Remise des objets.

Art. 17. La remise des objets à transporter est faite par l'expéditeur au préposé. Il est procédé contradictoirement à la constatation

---

(1) Ces suppléants légaux sont ·

Dans les places ou villes de garnison où il y a un major de place ou de garnison, le major de place ou de garnison ;

Dans les autres places ou villes de garnison, un officier du grade de capitaine, désigné par le général commandant la subdivision ;

Dans les lieux où il n'y a pas de garnison et dans ceux où la garnison ne comporte pas d'officier du grade de capitaine, le maire. (Décret du 16 janvier 1883.)

Dans les localités dépourvues à la fois d'un officier du grade de capitaine et d'un maire, les fonctions de suppléant du sous-intendant peuvent être conférées par l'autorité militaire à un lieutenant ou à un sous-lieutenant de la garnison. (Note ministérielle du 17 mars 1885.)

du poids et à la reconnaissance des colis. Cette reconnaissance a lieu en gare, lorsque le matériel n'est pas enlevé en magasin.

Les pesées en gare sont effectuées gratuitement par les compagnies.

Conditionnement. — Règlement des contestations.

Art. 18. Les objets sont transportés quant à leur conditionnement suivant les usages commerciaux. Les préposés peuvent refuser de prendre en charge les colis qui ne seraient pas conditionnés, de manière à assurer leur conservation pendant la route.

En cas de contestation sur l'état de ce conditionnement, le fonctionnaire qui a délivré l'ordre de transport fera procéder à une expertise. Si elle est en faveur de l'entreprise, l'expéditeur fait modifier l'emballage et changer par le signataire de l'ordre de transport la date de celui-ci, qui sera alors daté du jour de la remise des colis réparés. Dans le cas contraire, le préposé accepte les colis.

Les frais d'expertise seront à la charge de la partie dont les prétentions n'auront pas été accueillies.

Dans le cas d'urgence, le fonctionnaire qui a délivré l'ordre pourra requérir le préposé de passer outre à l'enlèvement immédiat des colis ; mais cette réquisition inscrite sur la lettre de voiture, fera cesser la responsabilité des compagnies en ce qui touche le mauvais conditionnement.

En dehors de cette exception, les compagnies ne pourront prétexter, dans le cas d'avarie constatée à l'arrivée, du mauvais conditionnement extérieur des colis.

Il sera adopté, pour les expéditions de la guerre, un mode de suscription et de marque apparente qui aide à la reconnaissance des colis.

Lettre de voiture administrative.

Art. 19. Après les constatations, la lettre de voiture administrative est signée par l'expéditeur et par le préposé. Celui-ci prend en charge les colis et en donne récépissé.

La lettre de voiture indique la vitesse, la nature et le poids par nature des objets à transporter, et s'il s'agit de colis emballés, leur nombre, leur poids, la nature du contenu sans désignation du nombre des objets.

Toutefois, lorsque l'expédition se compose de colis de même espèce, de même poids et de même nature de contenu, tels que des projectiles ou des sacs de farine, il suffit d'indiquer le nombre, l'espèce, la série de numéros, et le poids uniforme ainsi que la nature du contenu.

La lettre de voiture administrative est exempte de timbre. (Décisions du Ministre des finances des 18 fructidor an VIII, 3 septembre 1850 et 3 février 1885.)

Elle est mise à l'appui de la liquidation des frais de transport.

FRACTIONNEMENT DES LETTRES DE VOITURES.

Lorsque l'importance de l'expédition motive son fractionnement, pour la convenance des compagnies ou pour toute autre cause, il est fait par les soins du préposé et sous sa responsabilité, autant de lettres de voiture partielles qu'il est nécessaire.

Chacune d'elles rappelle l'ordre et la lettre de voiture principale.

Cette dernière constate au verso, à leur date, les arrivages partiels et sert seule de base à la liquidation.

Les lettres de voiture partielles sont visées par le fonctionnaire de l'intendance ou par son suppléant au départ ou à l'arrivée.

Formalités en douane. — Octrois.

Art. 20. Les colis destinés à passer en douane y sont présentés immédiatement après l'enlèvement, et les délais de transport sont augmentés de tout le temps qui s'est écoulé depuis l'enlèvement jusqu'a la sortie de la douane.

Ce temps de séjour est justifié par la production des expéditions délivrées par la douane.

Les compagnies accomplissent, sous leur responsabilité, en tant que mandataires, toutes les formalités de douane, ainsi que celles nécessaires à la constatation de la sortie du lieu sujet de tous les objets et denrées soumis à l'octroi. (Art. 44.)

CHAPITRE IV.

ITINERAIRES. — DELAIS DE TRANSPORT.

Tableau des distances.

Art. 21. Les distances à decompter sont fixées par le tableau annexé au traité.

Ce tableau indique les distances par voie de fer, de terre ou d'eau pour toutes les localités de la France continentale entre lesquelles on prévoit des transports à effectuer. Il indique aussi les camionnages et les changements de voie et de compagnie.

. . . .

Délais.

Art. 25 (1). Les délais d'exécution courent du lendemain de la date de l'ordre de transport, et, en ce qui concerne la petite vitesse, ne comprennent pas le jour de la remise à destination.

Il appartient aux compagnies de vérifier si le matériel leur est remis dans les délais fixés par l'ordre de transport, et de faire modifier, s'il y a lieu, la date dudit ordre par le fonctionnaire de l'intendance qui l'a délivré. Elles sont responsables des consé-

---

(1) Modifié le 13 juillet 1894, *B. O.*, p. 24.

quences que pourra entraîner le non-accomplissement de cette formalité.

Si le matériel est remis en gare par les soins du département de la guerre, la date à inscrire sur la lettre de voiture, au-dessus des signatures de l'expéditeur et du préposé est celle du jour où s'est terminée la remise en gare, et c'est elle qui sert de point de départ pour les délais au lieu de celle de l'ordre de transport. L'écart entre ces deux dates ne doit pas excéder vingt jours.

Les délais de transport sont déterminés d'après les bases qui suivent :

DISTANCE MINIMA EN KILOMÈTRES A PARCOURIR PAR VINGT-QUATRE HEURES.

Vitesse accélérée par chemin de fer à voie normale 300 kilomètres.
Petite vitesse par chemin de fer à voie normale   125   —

Pour les transports par chemins de fer, il n'est pas tenu compte des fractions supplémentaires de moins de 25 kilomètres pour les deux vitesses.

. . . .

Délais accessoires. — Changement de ligne et chemin de ceinture.

Art. 26. Il sera accordé, en outre, les délais supplémentaires ci-après :

Un jour pour chaque transmission d'une compagnie de chemins de fer à une autre compagnie ;

Un jour en vitesse accélérée et deux jours en petite vitesse:

1° Pour la transmission à Paris d'une compagnie de chemins de fer à une autre compagnie par les chemins de fer de ceinture ou pour les changements de direction du matériel en cours de transport ;

2° Lorsque l'administration de la guerre fait usage des chemins de fer de ceinture au départ ou à l'arrivée d'une expédition ;

. Un jour pour chaque changement de voie de fer à voie de terre ou d'eau, et de voie de terre à voie d'eau et réciproquement.

. . . .

CHAPITRE VI.

FORMALITÉS A L'ARRIVÉE.

Reconnaissance.

Art. 37. A l'arrivée du matériel à destination, la reconnaissance en est faite par le destinataire, qui en constate l'arrivée le jour même sur un récépissé provisoire. Cette pièce est échangée le plus promptement possible contre la lettre de voiture administrative qui, au moment de la livraison, est laissée entre les mains du destinataire pour recevoir décharge suivant les règles en vigueur dans chaque service.

. . . .

Pertes et avaries. — Constatations.

Art. 39. En cas de pertes ou d'avaries, il est procédé au moment de la livraison, ou dans un délai de quatre jours au maximum, à la vérification du matériel en présence du préposé ou de son représentant, et en son absence s'il ne se présente pas au jour indiqué.

Un procès-verbal (mod. E), dressé par le sous-intendant ou son suppléant légal pour constater cette vérification, indique le montant des pertes ou avaries à imputer aux compagnies ou à laisser à la charge, soit de l'Etat, soit de l'expéditeur.

En cas de désaccord sur la cause, l'importance et l'évaluation des avaries, il est procédé à une expertise.

Le récépissé de l'expédition donnée par le destinataire au dos de la lettre de voiture mentionne les conclusions du procès-verbal.

Évaluation des objets perdus ou avariés.

Art. 40. En cas de pertes, l'évaluation de la valeur des objets perdus est faite d'après les factures du magasin expéditeur, produites à la diligence du sous-intendant militaire.

Les objets avariés hors de service, et dont le prix est intégralement imputé, sont remis aux compagnies qui peuvent dès lors en disposer, à l'exception de ceux qu'il conviendra à l'administration de conserver.

Dans ce cas, il en est fait une estimation amiable ou à dire d'experts, et le montant est déduit des sommes à imputer aux compagnies.

. . . .

Frais de magasinage et stationnement sur wagons.

Art. 45. Dans le cas de camionnage par les moyens militaires, si l'enlèvement n'est pas opéré dans les deux jours qui suivent la date de l'avis d'arrivée, il est tenu compte aux compagnies des frais de magasinage.

Dans le cas de camionnage par les moyens des compagnies, lorsque par suite de l'encombrement des magasins, de l'absence des destinataires, ou de toute autre circonstance de nécessité ou de convenance pour l'administration, la livraison doit être différée, le préposé fera constater régulièrement sur la lettre de voiture, d'abord la date d'arrivée en gare et les causes d'ajournement de la livraison, ensuite la date de l'ordre de livraison, et les frais de magasinage seront perçus, sous déduction de deux jours, de la date de l'arrivée en gare au lendemain de la date de l'ordre de livraison.

. . . .

CHAPITRE VII.

DISPOSITIONS SPÉCIALES AUX POUDRES, MUNITIONS DE GUERRE, MATIÈRES EXPLOSIBLES OU INFLAMMABLES.

Conditions de transport des substances classées.

Art. 46. Les transports des poudres, munitions de guerre, matières explosibles ou inflammables sont effectués suivant les règlements généraux de police (1).

. . . .

Mesures spéciales à la remise des transports.

Art. 48. Les ordres délivrés pour les expéditions de poudres, munitions de guerre, matières explosives ou inflammables assujetties par les règlements en vigueur à des conditions spéciales d'emballage spécifient l'espèce, le poids, le nombre des colis ou barils, et, s'il y a lieu, le poids et le numéro de chacun de ces colis.

Dès que le préposé a reçu l'ordre de transport, il fait connaître à l'expéditeur le moment où il sera en mesure d'opérer l'enlèvement, et il est tenu d'envoyer les voitures à l'heure indiquée.

Les colis contenant une matière explosible doivent porter d'une façon apparente, sur les fonds s'il s'agit de barils, sur deux faces s'il s'agit de caisses, une suscription faisant connaître la nature du produit avec la mention : *Matière explosible*, ou, s'il y a lieu : *Munitions de sûreté.* Les colis contenant une matière non explo-

---

(1) Les prescriptions qui régissent actuellement sur les chemins de fer le transport des poudres, explosifs, etc., sont :

Le règlement du 9 janvier 1888, édicté par les Ministres de la guerre et des travaux publics, pour les poudres et les munitions de guerre.

Et l'arrêté du Ministre des travaux publics du même jour complété par sa circulaire du 20 juin 1889, pour les matières inflammables ou explosibles.

Aux termes des articles 3 et 15 du règlement précité, les expéditions de poudre et munitions de guerre pesant au plus 200 kilos, peuvent seules être chargées avec d'autres marchandises : toute expédition de plus de 200 kilos doit être chargée isolément dans un wagon spécialisé.

Les arrêtés précités divisent les matières inflammables ou explosibles en quatre catégories .

La 1ᵉ catégorie (*poudres, explosifs, acide nitrique monohydraté, etc.*), est formellement exclue des trains contenant des voyageurs. Actuellement (mars 1891), il en est provisoirement de même pour la mélinite, la crésylite et l'émilite, qui ne sont pas encore classées.

La 2ᵉ (*éther, chlorates, allumettes, etc.*), n'est admise dans les trains contenant des voyageurs que sur les sections où il ne circule pas de trains de marchandises réguliers.

Les 3ᵉ et 4ᵉ (*cartouches métalliques, etc.*) sont admises, moyennant certaines précautions, dans les trains contenant des voyageurs.

Ces prescriptions servent de base aux dispositions du présent chapitre et de l'article 62. Si elles venaient à être modifiées, il en serait de même des présentes dispositions.

sive assujettie par les règlements à des conditions d'emballage spéciales porteront une suscription en indiquant la nature, avec la mention : *Matière dangereuse.* Ces mentions sont ajoutées aux signes extérieurs adoptés par le département de la guerre.

Réparations en cours de transport.

Art. 49. Si, en cours de transport, l'emballage a souffert, il est procédé au reconditionnement après constatation par l'autorité locale de la nécessité du travail.

Mesures spéciales aux transports par la voie de terre.

Art. 50. Par la voie de terre, aucune voiture de roulage affectée au transport des poudres et matières explosives ne doit recevoir plus de cinq rangs de barils enchapés de 50 kilogrammes, ou six rangs de caisses ou barils de 20 ou de 25 kilogrammes.

Les caisses ou barils sont assujettis de manière à prévenir tout frottement.

. . . .

Mesures spéciales aux transports par eau.

Art. 51. Par la voie d'eau, les caisses ou barils doivent être empilés avec solidité sur des planches de manière que le rang inférieur soit au moins à 10 centimètres au-dessus du fond de la barque.

Des espaces sont réservés pour recevoir l'eau qui doit être écopée.

Le chargement est isolé de tous les objets mis à bord.

Mesures spéciales aux transports par la voie de fer.

Art. 52 (1). Les expéditions sont effectuées dans les conditions déterminées par les règlements en vigueur.

. . . .

Escorte.

Art. 53. Les militaires escortant des convois de poudres ou de munitions jouissent à l'aller et au retour de la gratuité du transport sur les chemins de fer.

Emploi de la vitesse accélérée.

Art. 54. Les poudres, munitions, matières explosives ou inflammables, lorsqu'elles sont de celles dont le transport par trains de voyageurs est prohibé par les règlements en vigueur, ne peuvent

---

(1) Modifié par l'avenant du 30 janvier 1894, *B. O.*, page 60.

être expédiées, en vitesse accélérée, que par trains spéciaux et seulement lorsque l'administration en a fait la demande.

A défaut de cette demande, la mention de vitesse accélérée, portée sur les ordres relatifs aux transports dont il s'agit, n'a d'effet qu'en ce qui concerne la voie de terre et le camionnage. Le transport par voie de fer est alors exécuté en petite vitesse.

Fractionnement des expéditions pour les parcours de terre.

Art. 55. Si les expéditions ont un parcours de terre qui oblige à diviser l'envoi, l'autorité militaire doit, sur la demande qui lui en est faite, fournir aux transporteurs des locaux où les poudres et explosifs sont déposés jusqu'à leur enlèvement, et prendre les mesures de surveillance qui lui paraissent nécessaires pour la sûreté du chargement.

Mesures exceptionnelles.

Art. 56. Lorsque la nécessité du service exige, pour les transports, des exceptions à quelques-unes des dispositions des règlements de police, le sous-intendant ou son suppléant, après s'être concerté avec les autorités militaires et civiles locales, requiert par écrit les compagnies pour l'exécution des mesures exceptionnelles et, dans ce cas, les compagnies sont exonérées de toute responsabilité à raison de ces mesures.

Cette réquisition est jointe à la lettre de voiture comme pièce justificative.

CHAPITRE VIII.

FIXATION DES PRIX.

Camionnage.

Art. 63 (1). Le camionnage exécuté par l'entreprise dans un rayon de 10 kilomètres, est payé pour chaque opération d'enlèvement et de livraison :

1o *Pour la petite vitesse :*
Places de Paris et de Lyon : 5 francs par tonne ;
Place de Marseille : 4 francs par tonne ;
Toutes les autres places : 3 francs par tonne.

Dans les places de Paris, Lyon et Marseille, le camionnage des grains, farines, soufres et salpêtres sera réduit à 3 francs.

2o *Pour la vitesse accélérée :*
Le double dans chaque place des prix ci-dessus fixés.

---

(1) Modifié par l'avenant du 30 janvier 1894 (B. O., p. 60.

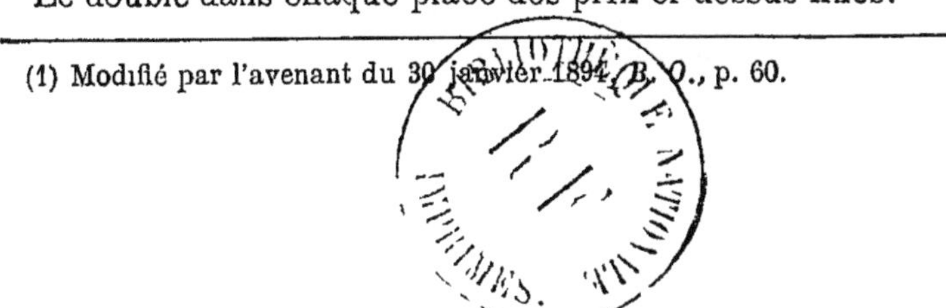

La perception aura lieu par fraction indivisible de 10 kilogrammes avec un minimum de 25 centimes pour chaque opération.

Toutefois, pour le camionnage des poudres et matières explosibles assimilées aux poudres, le minimum de perception sera calculé sur 1.000 kilogrammes.

Pénalités en cas de retard.

Art. 65. En ce qui concerne le transport des objets appartenant à des militaires ou à leurs familles, les indemnités se calculent à raison de 3 francs par jour de retard et par tonne de matériel taxé.

Pour le calcul de ces indemnités, les poids sont arrondis au poids supérieur par 100 kilogrammes.

Durée.

Art. 75. Le présent traité aura cours à partir du 1ᵉʳ août 1891. Sa durée est de trois ans; il continuera ensuite par tacite reconduction, de trois ans en trois ans, chaque partie étant libre de le résilier en prévenant l'autre six mois avant l'expiration de chaque période.

. . . .

Extrait du règlement pour le transport de la dynamite par chemins de fer.

Versailles, le 10 janvier 1879.

. . . .

Art. 1ᵉʳ. Les dynamites provenant des manufactures de l'État ou des manufactures françaises, dûment autorisées et satisfaisant aux prescriptions du présent règlement, seront admises au transport par chemins de fer sous les conditions ci-après.

Les dynamites fabriquées à l'étranger pourront jouir de la même faculté, sous des conditions à déterminer ultérieurement.

Art. 2. Conformément à l'article 21 de l'ordonnance du 15 novembre 1846, il est interdit d'admettre la dynamite dans les trains portant des voyageurs.

Sur les lignes secondaires où il n'existe pas de trains réguliers de marchandises, le transport de la dynamite sera effectué par trains spéciaux.

. . . .

Art. 10. Les wagons chargés de dynamite ne pourront être manœuvrés au moyen de machines-locomotives qu'à la condition d'en être séparés par trois wagons au moins ne renfermant aucune marchandise de la première catégorie ci-dessus désignée. Les manœuvres devront, d'ailleurs, s'effectuer avec une vitesse ne dépassant pas celle d'un homme marchant au pas. Les manœuvres par lancement sont interdites pour ces wagons.

Art. 11. Il est interdit de faire stationner sous les halles couvertes les wagons chargés de dynamite, ainsi que de les décharger sur les quais.

Art. 12. Les expéditions de dynamite sont soumises aux conditions suivantes de surveillance dans les gares de départ et d'arrivée.

Gare de départ. — L'escorte, soit militaire pour les dynamites de l'Etat, soit civile pour celles de l'industrie privée, est tenue de garder jusqu'au départ du train le convoi de dynamite qu'elle a conduit a la gare expéditrice.

Gare d'arrivée. — Les compagnies doivent demander à l'autorité militaire une garde pour veiller sur les wagons de dynamite, si le chargement n'est pas enlevé dans un délai de trois heures après l'arrivée du train.

Les frais de l'escorte seront à la charge de l'expéditeur.

Art. 13. Les compagnies sont prévenues vingt-quatre heures à l'avance des transports de dynamite qu'elles auront à effectuer.

Lorsque le trajet doit avoir lieu, en totalité ou en partie, sur des lignes à une seule voie, les compagnies sont prévenues trois jours à l'avance.

Elles font connaître, dans le plus bref délai, à l'expéditeur le jour et l'heure du départ des trains. Les livraisons de dynamite aux gares se font en conséquence.

Lorsque la dynamite doit être expédiée par un train de nuit, elle est amenée à la gare deux heures au moins avant le coucher du soleil et chargée dans les wagons avant la nuit.

Toute manutention de dynamite, pour un chargement, un déchargement et un transbordement, si besoin était, sera faite de jour.

Art. 14. Chaque expédition de dynamite doit être faite par le plus prochain train susceptible de recevoir de cette nature de chargement. Elle doit être enlevée de la gare destinataire dans les douze heures de jour qui suivent son arrivée ; si cette condition n'est pas remplie à la diligence du destinataire, la compagnie du chemin de fer est autorisée à faire cet enlèvement aux frais, risques et périls de ce dernier.

Si les colis ne sont pas acceptés par le destinataire, ils seront immédiatement retournés à l'expéditeur, qui sera tenu d'en prendre livraison aussitôt et de payer les frais pour le double transport et le double camionnage.

Art. 15. Des agents de la guerre ou de la marine sont tenus de recevoir les voitures chargées de dynamite, quelle que soit l'heure à laquelle elles se présentent.

Art. 16. Lorsque le transport de la dynamite sera effectué des magasins de l'Etat à la gare du chemin de fer, et, réciproquement, par voie ferrée, les wagons devront arriver à la gare deux heures au plus et une heure au moins avant le départ des trains.

. . . .

Art. 18. Par exception aux dispositions de l'article 2 , les munitions de guerre confectionnées en dynamite peuvent être transportées par les trains militaires spéciaux affectés au transport des troupes.

Ces mêmes trains peuvent, par dérogation aux dispositions de l'article 9, recevoir des caisses d'amorces fulminantes, à condition que ces caisses ne soient pas chargées sur les mêmes wagons que ceux de la dynamite ou de la poudre.

. . . .

Extrait du règlement pour le transport par chemins de fer des poudres de guerre, de mine ou de chasse et des munitions de guerre.

Art. 1er. Conformément à l'article 21 de l'ordonnance réglementaire du 15 novembre 1846, sur la police, la sûreté et l'exploitation des chemins de fer, il est interdit d'admettre les poudres de guerre, de mine ou de chasse dans les trains de voyageurs ou dans les trains mixtes. Ces matières ne peuvent être transportées que par les trains de marchandises ne comprenant aucun wagon de voyageurs. Toutefois, les militaires voyageant pour le service sont autorisés à porter leurs cartouches dans la giberne ou dans le sac.

Les munitions de guerre chargées dans des caissons d'artillerie peuvent être transportées par les trains militaires spéciaux affectés au transport des troupes.

. . . .

Art. 8. Les expéditions de munitions de guerre ou de poudres sont soumises aux conditions suivantes de surveillance dans les gares de départ et d'arrivée.

Gare de départ. — L'escorte qui accompagne jusqu'a la gare expéditrice un envoi de munitions de guerre ou de poudres est tenue de rester, pour garder cet envoi, jusqu'au départ du train.

Gare d'arrivée. — Les compagnies doivent demander à l'autorité militaire une garde pour veiller sur les wagons de munitions de guerre ou de poudres, si le chargement n'est pas enlevé dans un délai de trois heures après l'arrivée du train.

Art. 9. Exceptionnellement, certaines expéditions de poudres ou de munitions de guerre, déterminées par l'autorité militaire, pourront, *quel qu'en soit le poids,* être escortées même pendant leur transport sur les voies ferrées.

Dans ce cas, au lieu de départ, l'escorte est requise par l'agent du ministère de la guerre chargé de l'expédition. Le commandant de gendarmerie, à qui la réquisition est adressée, transmet d'urgencé, aux commandants où l'escorte doit être relevée, un avis faisant connaître le jour de départ.

Un second avis semblable, indiquant le jour et l'heure d'arrivée du train, est transmis aux mêmes autorités par les compagnies de chemins de fer à la diligence des chefs de gare. En outre, ces compagnies préviennent les commissaires de surveillance administrative des gares de départ et d'arrivée et de toute station où un transbordement doit avoir lieu, afin que la manutention des chargements puisse être surveillée.

L'escorte est toujours composée de deux militaires au moins.

Si, pour une cause quelconque, l'escorte manque, soit au point de départ, soit à un des points de relai, le transport des poudres ou des munitions de guerre n'est pas différé, mais avis de cette circonstance est transmis par le télégraphe à la gare du relai suivant, pour être communiqué, de suite, au commandant de la gendarmerie dans cette localité.

Art. 10. L'escorte préposée à la garde, en cours de route, des expéditions visées au précédent article prend place, à la volonté de l'autorité militaire, soit avec les conducteurs du train, soit à raison de deux hommes au plus par wagon, dans les mêmes wagons que le chargement dont elle a la surveillance.

Pendant le séjour momentané dans les gares des wagons qu'elle doit surveiller, l'escorte ne doit jamais les perdre de vue, ni s'en éloigner.

Il est formellement interdit aux agents du train (sauf en cas de force majeure) de monter dans les wagons pendant le trajet.

Art. 11. Les compagnies sont prévenues vingt-quatre heures à l'avance des transports des munitions de guerre ou de poudres qu'elles auront à effectuer; un avis spécial leur est adressé au sujet de ceux de ces transports qui doivent être escortés en cours de route.

Lorsque le trajet doit avoir lieu, en totalité ou en partie, sur des lignes a une seule voie, les compagnies sont prévenues trois jours à l'avance. Elles font connaître dans le plus bref délai, à l'expéditeur, le jour et l'heure du départ du train. Les livraisons de munitions de guerre ou poudres aux gares se font en conséquence.

Les munitions de guerre et les poudres remises par les agents de l'Etat sont reçues les dimanches et jours fériés, même après l'heure de midi.

Lorsque les munitions de guerre et les poudres doivent être expédiees par un train de nuit, elles sont amenées a la gare deux heures au moins avant le coucher du soleil et chargées dans les wagons avant la nuit.

Toute manutention de munitions de guerre et de poudres, pour leur chargement, leur déchargement et même leur transbordement d'un wagon à un autre dans les gares de jonction, si besoin était, sera faite de jour.

Art. 12. Chaque expédition de munitions de guerre ou de poudres doit être faite par le plus prochain train susceptible de recevoir cette nature de chargement.

Elle doit être enlevée de la gare destinataire dans les douze heures de jour qui suivront son arrivée; si cette condition n'est pas remplie à la diligence du destinataire, la compagnie du chemin de fer est autorisée à faire cet enlèvement aux frais, risques et périls de ce dernier.

Art. 13. Les directeurs d'artillerie reçoivent dans l'enceinte des arsenaux les voitures chargées de munitions de guerre et de poudres, quelle que soit l'heure à laquelle elles se présentent; si elles arrivent la nuit, ils les font conduire à proximité des magasins et attendre jusqu'au jour pour faire opérer leur déchargement.

Art. 14. Lorsque le transport des munitions de guerre et des poudres devra être effectué, sur la voie ferrée et par les soins des agents de l'Etat, d'un magasin de l'Etat à une gare de chemin de fer, les wagons sur lesquels elles auront été chargées devront arriver à la gare deux heures au plus et une heure au moins avant le départ des trains qui devront emmener lesdites munitions de guerre et de poudres. L'agent de l'Etat qui aura opéré le chargement restera responsable de l'observation des mesures de précaution prescrites par le présent règlement pour cette opération.

Lorsque le transport des munitions de guerre et des poudres devra être effectué, sur voie ferrée, et par les soins des agents de l'Etat, d'une gare de chemin de fer à un magasin de l'Etat, la prise en charge des wagons et leur départ de la gare devront être opérés dans un délai de deux heures au plus, à charge par la compagnie de prévenir vingt-quatre heures à l'avance l'autorité militaire de l'arrivée des wagons. L'agent de l'Etat qui sera chargé d'amener les wagons de la gare au magasin de l'Etat restera responsable de l'observation des mesures de précaution prescrites par le présent règlement pour cette opération.

Art. 15. Sauf en ce qui concerne les expéditions visées a l'article 9 ci-dessus, le présent règlement n'est pas applicable aux expéditions de munitions de guerre et de poudres de moins de 200 kilogrammes. Toutefois, les expéditions de moins de 200 kilogrammes quand elles ne sont pas escortées dans les conditions prévues audit article 9, seront placées dans les wagons fermés et couverts, ne contenant aucune matière explosible ou facilement inflammable. Elles seront signalées d'une manière spéciale à l'attention du chef de train.

Ces expéditions ne pourront, d'ailleurs, être transportées par les trains portant des voyageurs.

. . . .

TABLEAU DES PRIX

BARÈMES Nᵒˢ 1, 2 ET 3.

NOTA. — Pour tout parcours intermédiaire, la taxe est celle du parcours immédiatement supérieur.

DISTANCES.	BARÈMES			DISTANCES.	BARÈMES		
	1	2	3		1	2	3
kilom	fr. c.	fr c.	fr c.	kilom.	fr. c.	fr. c.	fr c.
6	0 60	0 50	0 35	49	4 90	3 90	2 95
7	0 70	0 55	0 40	50	5 00	4 00	3 00
8	0 80	0 65	0 50	51	5 10	4 05	3 05
9	0 90	0 70	0 55	52	5 20	4 15	3 10
10	1 00	0 80	0 60	53	5 30	4 20	3 20
11	1 10	0 90	0 65	54	5 40	4 30	3 25
12	1 20	0 95	0 70	55	5 50	4 35	3 30
13	1 30	1 05	0 80	56	5 60	4 40	3 35
14	1 40	1 10	0 85	57	5 70	4 50	3 40
15	1 50	1 20	0 90	58	5 80	4 55	3 50
16	1 60	1 30	0 95	59	5 90	4 65	3 55
17	1 70	1 35	1 00	60	6 00	4 70	3 60
18	1 80	1 45	1 10				
19	1 90	1 50	1 15	61	6 10	4 80	3 65
20	2 00	1 60	1 20	62	6 20	4 85	3 70
				63	6 30	4 90	3 80
21	2 10	1 70	1 25	64	6 40	5 00	3 85
22	2 20	1 75	1 30	65	6 50	5 05	3 90
23	2 30	1 85	1 40	66	6 60	5 10	3 95
24	2 40	1 90	1 45	67	6 70	5 20	4 00
25	2 50	2 00	1 50	68	6 80	5 25	4 10
26	2·60	2 10	1 55	69	6 90	5 35	4 15
27	2 70	2 15	1 60	70	7 00	5 40	4 20
28	2 80	2 25	1 70				
29	2 90	2 30	1 75	71	7 10	5 45	4 25
30	3 00	2 40	1 80	72	7 20	5 55	4 30
				73	7 30	5 60	4 40
31	3 10	2 50	1 85	74	7 40	5 70	4 45
32	3 20	2 55	1 90	75	7 50	5 75	4 50
33	3 30	2 65	2 00	76	7 60	5 80	4 55
34	3 40	2 70	2 05	77	7 70	5 90	4 60
35	3 50	2 80	2 10	78	7 80	5 95	4 70
36	3 60	2 90	2 15	79	7 90	6 05	4 75
37	3 70	2 95	2 20	80	8 00	6 10	4 80
38	3 80	3 05	2 30				
39	3 90	3 10	2 35	81	8 10	6 15	4 85
40	4 00	3 20	2 40	82	8 20	6 25	4 90
				83	8 30	6 30	5 00
41	4 10	3 30	2 45	84	8 40	6 40	5 05
42	4 20	3 35	2 50	85	8 50	6 45	5 10
43	4 30	3 45	2 60	86	8 60	6 50	5 15
44	4 40	3 50	2 65	87	8 70	6 60	5 20
45	4 50	3 60	2 70	88	8 80	6 65	5 30
46	4 60	3 70	2 75	89	8 90	6 75	5 35
47	4 70	3 75	2 80	90	9 00	6 80	5 40
48	4 80	3 85	2 90				

DISTANCES	BARÈMES			DISTANCES	BARÈMES		
	1	2	3		1	2	3
kilom.	fr. c.	fr. c.	fr. c.	kilom.	fr. c.	fr. c.	fr. c.
91	9 10	6 85	5 45	152	14 70	10 35	8 10
92	9 20	6 95	5 50	154	14 85	10 45	8 15
93	9 30	7 00	5 60	156	15 05	10 60	8 25
94	9 40	7 10	5 65	158	15 20	10 70	8 30
95	9 50	7 15	5 70	160	15 40	10 80	8 40
96	9 60	7 20	5 75				
97	9 70	7 30	5 80	165	15 85	11 05	8 60
98	9 80	7 35	5 90	170	16 30	11 35	8 80
99	9 90	7 45	5 95	175	16 75	11 60	9 00
100	10 00	7 50	6 00	180	17 20	11 90	9 20
101	10 10	7 55	6 05	185	17 65	12 15	9 40
102	10 20	7 60	6 10	190	18 10	12 45	9 60
103	10 25	7 65	6 10	195	18 55	12 70	9 80
104	10 35	7 70	6 15	200	19 00	13 00	10 00
105	10 45	7 75	6 20				
106	10 55	7 85	6 25	205	19 40	13 20	10 15
107	10 65	7 90	6 30	210	19 80	13 40	10 30
108	10 70	7 95	6 30	215	20 20	13 60	10 45
109	10 80	8 00	6 35	220	20 60	13 80	10 60
110	10 90	8 05	6 40				
				225	21 00	14 00	10 75
111	11 00	8 10	6 45	230	21 40	14 20	10 90
112	11 10	8 15	6 50	235	21 80	14 40	11 05
114	11 25	8 25	6 55	240	22 20	14 60	11 20
116	11 45	8 40	6 65				
118	11 60	8 50	6 70	250	23 00	15 00	11 50
120	11 80	8 60	6 80	260	23 80	15 40	11 80
				270	24 60	15 80	12 10
122	12 00	8 70	6 90	280	25 40	16 20	12 40
124	12 15	8 80	6 95	290	26 20	16 60	12 70
126	12 35	8 95	7 05	300	27 00	17 00	13 00
128	12 50	9 05	7 10				
130	12 70	9 15	7 20	310	27 70	17 30	13 30
				320	28 40	17 60	13 60
132	12 90	9 25	7 30	330	29 10	17 90	13 90
134	13 05	9 35	7 35	340	29 80	18 20	14 20
136	13 25	9 50	7 45				
138	13 40	9 60	7 50	350	30 50	18 50	14 50
140	13 60	9 70	7 60	360	31 20	18 80	14 80
				380	32 60	19 40	15 40
142	13 80	9 80	7 70	400	34 00	20 00	16 00
144	13 95	9 90	7 75				
146	14 15	10 05	7 85	420	35 20	20 60	16 40
148	14 30	10 15	7 90	440	36 40	21 20	16 80
150	14 50	10 25	8 00	460	37 60	21 80	17 20

DISTANCES.	BARÈMES			DISTANCES.	BARÈMES		
	1	2	3		1	2	3
kilom.	fr. c.	fr. c.	fr. c.	kilom.	fr. c.	fr. c.	fr. c.
480	38 80	22 40	17 60	920	57 80	35 60	26 40
500	40 00	23 00	18 00	940	58 60	36 20	26 80
				960	59 40	36 80	27 20
520	41 00	23 60	18 40	980	60 20	37 40	27 60
540	42 00	24 20	18 80	1,000	61 00	38 00	28 00
560	43 00	24 80	19 20				
580	44 00	25 40	19 60	1,020	61 80	38 60	28 40
600	45 00	26 00	20 00	1,040	62 60	39 20	28 80
				1,060	63 40	39 80	29 20
620	45 80	26 60	20 40	1,080	64 20	40 40	29 60
640	46 60	27 20	20 80	1,100	65 00	41 00	30 00
660	47 40	27 80	21 20				
680	48 20	28 40	21 60	1,150	67 00	42 50	31 00
700	49 00	29 00	22 00	1,200	69 00	44 00	32 60
720	49 80	29 60	22 40	1,250	71 00	45 50	33 00
740	50 60	30 20	22 80	1,300	73 00	47 00	34 00
760	51 40	30 80	23 20				
780	52 20	31 40	23 60	1,350	75 00	48 50	35 00
800	53 00	32 00	24 00	1.400	77 00	50 00	36 00
820	53 80	32 60	24 40	1,450	79 00	51 50	37 00
840	54 60	33 20	24 80	1,500	81 00	53 00	38 00
860	55 40	33 80	25 20				
880	56 20	34 40	25 60				
900	57 00	35 00	26 00				

Extrait de l'instruction du 28 mai 1895 relative au traité du 15 juillet 1891 pour l'exécution du service des transports de la guerre en temps de paix.

Transports particuliers.

Art. 2. Les pièces à produire au sous-intendant militaire chargé du service des transports pour bénéficier des transports particuliers sont indiquées ci-après :

Pour les corps de troupe, services et établissements militaires (matériel leur appartenant et dont le transport est à leur charge), et pour les fournisseurs (fournitures à renvoyer en fabrique pour être réparées; matériel voyageant pour le compte des fournisseurs dans les conditions prévues au 4º alinéa de l'article 1er) :

Un certificat, soit du sous-intendant militaire chargé de la surveillance administrative, soit du directeur ou du chef du service, constatant le droit aux transports particuliers.

Pour les officiers, employés militaires, sous-officiers mariés, sous-officiers rengagés ou commissionnés, gendarmes, ouvriers militaires et cantinières appartenant aux différents corps de l'armée active :

1º Dans le cas de changement de résidence, la lettre de service;

2º Dans le cas de congé de trente jours au moins, le titre de congé;

3º Dans le cas de retour à la vie civile, le titre du congé accordé pour attendre la liquidation de la retraite ou un certificat du chef de corps ou de service indiquant la date à laquelle le militaire a été rayé des contrôles;

4º Dans le cas de promotion, la lettre de service;

5º Dans le cas de mariage, un certificat du chef de corps ou de service constatant que le mariage a eu lieu ou qu'il est simplement autorisé.

Dans les cas numérotés 4 et 5, une déclaration modèle K, numéro 162 *ter* A, de la nomenclature.

Dans les cas numérotés 1, 2 et 4, la lettre de service ou le titre de congé peut être remplacé par un certificat du chef de corps ou de service établissant le droit de l'intéressé aux transports particuliers.

Pour les familles de militaires décédés :

Un certificat du chef de corps ou de service constatant la date du décès du militaire et une déclaration modèle K.

Le sous-intendant militaire remet aux intéressés, après leur avoir fait signer une demande (modèle I¹, nº 162 *bis* de la nomenclature), des formules d'ordre de transport, de lettre de voiture et d'avis d'expédition (modèle A, n° 161 *bis* de la nomenclature). Ces pièces, établies par les expéditeurs, indiquent le numéro et la nature de chaque colis, ainsi que sa contenance sommaire; les dates sont laissées en blanc pour être remplies par le sous-intendant au moment de la remise par ce fonctionnaire des pièces au préposé des compagnies de chemins de fer, c'est-à-dire lorsque les colis sont prêts a être enlevés. C'est également au sous-intendant qu'il appartient, sous sa responsabilité et d'après les pièces qui lui ont été communiquées, de désigner le barème applicable dans l'espèce, en biffant l'une des deux mentions inscrites à cet effet sur l'ordre de transport.

Il est formellement interdit aux sous-intendants militaires de délivrer des ordres de transports particuliers en dehors des cas prévus ou des délais fixés par le traité et sans s'être fait communiquer les pièces ci-dessus énumérées.

Les demandes d'ordres de transports particuliers doivent toujours indiquer si le paiement des frais de transport s'effectuera au départ ou à l'arrivée des objets à destination.

En principe, les transports à la charge des fournisseurs, des corps de troupe et des services et établissements militaires sont . exécutés comme transports particuliers, et, par suite, payés directement aux compagnies par les intéressés. Dans les cas exceptionnels où il en est autrement, il appartient exclusivement au directeur du service de l'intendance du gouvernement militaire de Paris de poursuivre le remboursement des frais de transport, et ce n'est que sur les feuilles de redressement émanant de ce haut fonctionnaire que le sous-intendant chargé du service des transports dans la place délivre les ordres de reversement au Trésor. Ces ordres étant établis par chapitre du budget, un récépissé distinct doit être produit pour chacun d'eux.

Transports réservés.

Art. 3. Pour la gendarmerie, à moins que le nombre, le volume ou le poids n'obligent à employer le chemin de fer, les correspondances de brigade a brigade restent chargées de la transmission des objets de toute nature et des munitions en provenance ou à destination du chef-lieu d'arrondissement, sauf à utiliser les voitures employées au transport des prisonniers voyageant sous escorte.

Les transports exécutés par le train des équipages sont inscrits sur un carnet spécial, conformément aux prescriptions de la note ministérielle du 5 février 1890.

Les transports qui ne peuvent être effectués par les moyens militaires et qui ne constituent pas le camionnage défini à l'article 5 du traité, sont assurés par voie d'adjudication ou de marché de gré à gré, selon le cas, conformément aux prescriptions du décret du 18 novembre 1882 et de l'instruction sur les adjudications publiques dans les divers services de l'administration de la guerre.

Les cahiers des charges sont rédigés, sauf les modifications nécessitées par les circonstances locales, suivant le modèle joint à la présente instruction (annexe n° 1). Ils ne s'appliquent exclusivement qu'aux transports à exécuter en temps de paix.

Les propositions des directeurs du service de l'intendance, pour la mise en adjudication ou la passation d'un marché de gré à gré, sont adressées au Ministre (5ᵉ Direction, 1ᵉʳ Bureau) deux mois au moins avant la date à laquelle doit commencer l'entreprise.

Les transports visés aux trois alinéas qui précèdent sont imputables aux frais généraux ou d'exploitation du service auquel le matériel appartient; la dépense est liquidée et mandatée par le délégataire des crédits de ce service dans la place. Lorsque l'entreprise s'applique à des services ayant des délégataires différents, le cahier des charges est rédigé en conséquence.

Transports exceptés.

Art. 4. La poste est utilisée aussi souvent que possible, notamment pour les envois d'imprimés, de comptabilités, d'archives, de vaccin, de sérum antidiphtérique, en se conformant aux lois et arrêtés qui régissent le service des postes.

Pour les expéditions par colis postal, se reporter à l'article 57 de l'instruction.

Pour le transport des bagages et du matériel à la suite des corps et des détachements voyageant par étapes, se reporter au règlement du 27 février 1894 sur le service des convois à l'intérieur.

En ce qui concerne le § 3° de l'article, l'exception ne vise que les bagages et le matériel que le corps est autorisé à faire voyager avec lui en chemin de fer. (Voir l'instruction du 26 janvier 1895 sur les conditions dans lesquelles s'effectue, en temps de paix, le transport sur les voies ferrées du personnel relevant du département de la guerre, etc. Application de l'arrêté du Ministre des travaux publics du 2 juin 1894, article 17). Le surplus des matières, effets et objets que le corps a la faculté d'emporter dans sa nouvelle garnison est transporté en petite vitesse, conformément au traité, au compte du budget (Transports spéciaux), dans les limites de poids et de volume déterminées par le tarif du 17 mars 1889 (annexe n° 2), et pour ce qui excède ces limites, au compte du corps (article 19 de l'instruction, appendice D³).

Exécution du service.

Art. 9. Les conditions d'exploitation des embranchements construits pour desservir les établissements militaires sont réglées, soit par les dispositions de l'article 62 du cahier des charges des compagnies de chemins de fer, soit par des conventions spéciales passées, sous réserve de l'approbation du Ministre, entre le service auquel appartient l'établissement et la compagnie sur la ligne de laquelle se fait la soudure.

Les frais d'exploitation des embranchements militaires sont liquidés et mandatés par le service local de l'intendance, d'après les justifications produites par la compagnie, justifications vérifiées et certifiées par le service qui fait usage de l'embranchement.

Les frais de transport sur les embranchements particuliers n'appartenant pas à l'administration de la guerre et sur les voies ferrées desservant les quais des ports sont compris, s'il y a lieu, par les compagnies de chemins de fer, dans leurs factures mensuelles.

Lieux d'enlèvement et de livraison.

Art. 11. Les gares sont ouvertes, pour la réception et la livraison des marchandises à petite vitesse, de 6 heures du matin à 6 heures du soir, entre le 16 mars et le 15 octobre, et de 7 heures du matin a 5 heures du soir le reste de l'année ; par exception, elles sont fermées à 10 heures du matin les dimanches et jours fériés. (Arrêté du Ministre des travaux publics du 9 mai 1891.)

Expéditions par wagons plombés.

Art. 13. Le plombage des wagons n'est réclamé que dans des circonstances exceptionnelles, et, dans ce cas, on s'efforce de faire charger dans chaque wagon un poids correspondant au minimum taxé, selon la nature du matériel ; on évite autant que possible, cependant, de mettre dans le même wagon des objets ou matières soumis à des taxes différentes.

Ordres de transport. — Fonctionnaires ayant qualité pour délivrer ces ordres.

Art. 15. Dans chaque place, un seul sous-intendant militaire a la direction et le contrôle du service des transports ; il est dépositaire des registres à souches n°s 161 et 161 *bis* de la nomenclature, et délivre tous les ordres de transport. Il lui est interdit de confier aux établissements expéditeurs le soin de remplir et de conserver les souches des ordres de transport.

Formalités relatives à l'ordre de transport.

Art. 16. Sur la production d'une demande (modèle I, n° 162 *ter* de la nomenclature) visée par le sous-intendant chargé de la surveillance administrative pour les corps de troupe et les établissements du service de l'intendance, le sous-intendant militaire chargé des transports détache du registre à souche et délivre, adhérents, l'avis d'expédition (modèle D¹), ainsi que l'ordre de transport (modèle B) et la lettre de voiture (modèle D) à remplir (sans les séparer) par l'expéditeur, qui y laisse les dates en blanc, et les renvoie à ce fonctionnaire lorsque les colis sont prêts à être enlevés.

Après vérification, le sous-intendant inscrit, en tête de l'ordre de transport et en regard de la désignation du service, la lettre correspondant à ce service, d'après le tableau joint à la présente instruction (annexe n° 3). Exemple :

SERVICE Des frais géneraux d'impressions — A.

L'inscription de cette lettre permet aux compagnies de chemins de fer de grouper et de totaliser les transports par service sur leurs relevés F (art. 67 du traité et de l'instruction) ; elle facilite ainsi l'imputation exacte de la dépense au service qui doit la supporter.

Le sous-intendant militaire date ensuite les pièces (sans tenir compte des dimanches et jours fériés autrement que pour les heures réglementaires de fermeture des bureaux, des magasins militaires et des gares), en fait inscription au talon modèle C et au registre modèle H, les signe, puis les remet, également adhérentes et le jour même de la date de l'ordre, au préposé sur reçu donné au talon. Le préposé se concerte alors avec l'expéditeur pour la reconnaissance et l'enlèvement du matériel.

Escorte.

Art 53. La surveillance des expéditions de dynamite, de poudres et de matières assimilées s'effectue conformément aux règlements du 10 janvier 1879 pour le transport de la dynamite (art. 12) et du 9 janvier 1888 pour le transport des poudres et des munitions de guerre (art. 8, 9 et 10), annexés l'un et l'autre au traité.

Dans le cas où une expédition doit être escortée pendant son parcours sur les voies ferrées (art. 9 du règlement du 9 janvier 1888), l'escorte jouissant à l'aller et au retour de la gratuité du transport en vertu de l'article 53 du traité, il n'y a lieu de délivrer aux militaires qui la composent ni bon de chemin de fer ni pièce de transport d'aucune sorte (1).

En dehors de ce cas, la garde du convoi, aux gares de jonction ou de bifurcation, incombe aux compagnies de chemins de fer.

---

(1) Voir l'instruction du 26 janvier 1895, sur les conditions dans lesquelles s'effectue, en temps de paix, le transport sur les voies ferrées du personnel relevant du département de la guerre, etc. (Application du règlement du 18 novembre 1889, article 20, *f.*)
